AF399781

DIE GESTALTTHEORIE

Psychologie der menschlichen Wahrnehmung

Verfasst von Nicolas Crombez

In Zusammenarbeit mit Anne-Christine Cadiat

Übersetzt von Mareike Lobeck

Business 50MINUTEN.de

DIE GESTALTTHEORIE

SCHLÜSSELINFORMATIONEN

- **Bezeichnungen:** Gestalttheorie, Gestalt-psychologie
- **Anwendungsbereiche:** Psychologie, Erziehungswissenschaften, Gesundheitswesen, Management, Industrie, Philosophie
- **Funktionsweise:** Die Gestalttheorie beruht auf der Funktionsweise des menschlichen Gehirns.
- **Schlüsselwörter:**
  - Gestalt: Das Wort „Gestalt" wird hier in seiner Wortbedeutung „Form" verwendet und bezeichnet ein klar erkennbares Ganzes (das durchaus aus verschiedenen Einzelteilen bestehen kann).
  - Wahrnehmung: meist unbewusster Prozess, bei dem Informationen und Reize aus der Umwelt aufgenommen und verarbeitet werden
  - Grund und Figur: Mit diesen beiden Begriffen wird bezeichnet, was das Gehirn an

Eindrücken als wichtig (Figur) und weniger wichtig (Grund) filtert.

- ○ <u>Max Wertheimer (1880-1943)</u>: Psychologe und einer der Hauptbegründer der Gestaltpsychologie
- ○ <u>Kurt Koffka (1886-1941)</u>: Psychologe und einer der Hauptbegründer der Gestaltpsychologie
- ○ <u>Wolfgang Köhler (1887-1967)</u>: Psychologe und einer der Hauptbegründer der Gestaltpsychologie
- ○ <u>Psychoanalyse</u>: von Freud entwickelte psychotherapeutische Behandlungsform, bei der das eigene Erleben und Handeln näher analysiert wird (Selbsterfahrung)

EINLEITUNG

Wer hat nicht schon einmal unwillkürlich in seiner Vorstellung eine Form zu einem Ganzen vervollständigt, obwohl eigentlich nur ein Teil zu sehen war? Das menschliche Gehirn scheint zu überraschenden Übertragungsleistungen fähig – an diesem Phänomen setzt die Gestalttheorie an und versucht zu erklären, wie menschliche Wahrnehmung funktioniert.

Hintergrund

Mit den Arbeiten der Psychologen Max Wertheimer (1880-1943), Kurt Koffka (1886-1941) und Wolfgang Köhler (1887-1967) der Berliner Schule – die später regelrecht zur Schule der Gestaltpsychologie werden sollte – erlangt die Gestalttheorie besondere Beachtung, ihre Ursprünge findet sie jedoch schon vor dem Beginn des 20. Jahrhunderts. Das erste „Gestaltprinzip" wurde 1890 von dem österreichischen Philosophen Christian von Ehrenfels (1859-1932) in seinem Artikel „Über Gestaltqualitäten" entworfen. Dieses Prinzip wurde in der Folge von zahlreichen Psychologen (darunter die der Grazer Schule) und anderen Autoren um weitere Erkenntnisse erweitert, woraus schließlich das heutige multidisziplinäre Modell entstanden ist. Allerdings erlangte dies erst in den 1970er Jahren mit der weltweiten Suche nach neuen Werten wirkliche Bekanntschaft.

Definition

In ihrer ursprünglichen Form lässt sich die Gestalttheorie in der Psychologie für Einzel-, Paar- oder auch jede Art von Gruppentherapien anwenden. Sie soll dabei auf innere Widersprüche aufmerksam machen, um diese so weit wie möglich zu reduzieren. Mit der Zeit wurden die Einsatzmöglichkeiten auf Schulen, Spezialkliniken, Unternehmen und weitere Bereiche ausgedehnt. Die Gestalttheorie betont die Fähigkeit des Gehirns, Objekte oder Geschehnisse in ihrer Gesamtheit wahrzunehmen. So ist das Ganze mehr als die Summe seiner Teile.

Im Folgenden wird die Gestalttheorie im Hinblick auf ihren Einfluss in der Wirtschaft, genauer gesagt in Marketing und Unternehmensführung, betrachtet. In diesen Bereichen ermöglicht die Gestalttheorie eine optimale individuelle Entfaltung und stärkt zwischenmenschliche Beziehungen, wobei gleichzeitig Konflikte besser beherrscht und Kreativität gefördert werden können.

DIE GESTALTTHEORIE IN DER THEORIE

IN DER PSYCHOLOGIE

Die Grundthese kann in einem einfachen Satz zusammengefasst werden: Das Ganze ist mehr als die Summe seiner Teile.

Der Mensch nimmt Objekte bzw. Geschehnisse nicht wahr, indem er Eindrücke interpretiert, sondern dank seiner hochentwickelten Fähigkeiten, unter gewissen Voraussetzungen in drei Dimensionen zu sehen. So werden den Vertretern der Gestalttheorie zufolge Dinge (Objekte, Konzepte und Geschehnisse) global anstatt in ihren Einzelheiten wahrgenommen. Das Ganze unterscheidet sich also in seiner Form von der Summe seiner Teile und wird noch vor diesen wahrgenommen. So etwa bei der Musik: In der Regel hört man Musik als Ganzes und nicht jeden Ton für sich.

Ebenfalls essentiell ist das Prinzip, nach dem ein Teil eines Ganzen nie genau demselben Teil in einem anderen Ganzen entspricht. Tränen haben beispielsweise bei einer Hochzeit eine andere Bedeutung als bei einer Beerdigung.

Die folgenden Gestaltgesetze veranschaulichen, wie Wahrnehmung funktioniert:

Das Gesetz der Ähnlichkeit

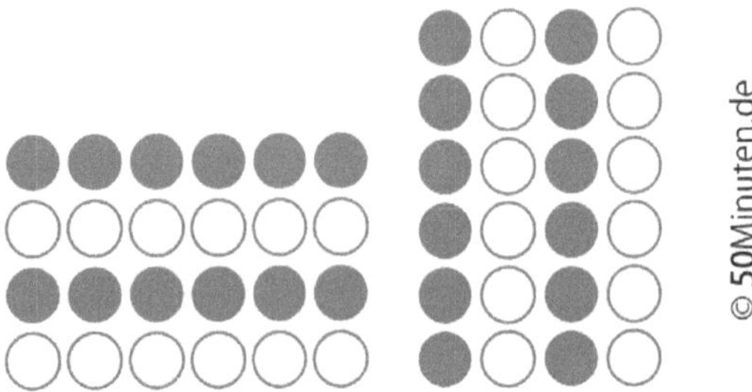

- **Das Gesetz der Ähnlichkeit**: Es handelt sich hierbei um die Tendenz, Elemente mit ähnlichen Merkmalen (Form, Farbe etc.) zu einer Form oder Bedeutung zusammenzufassen. So werden in der Struktur links eher horizontale Linien und in der Struktur rechts eher vertikale Linien gesehen.

Das Gesetz der Geschlossenheit

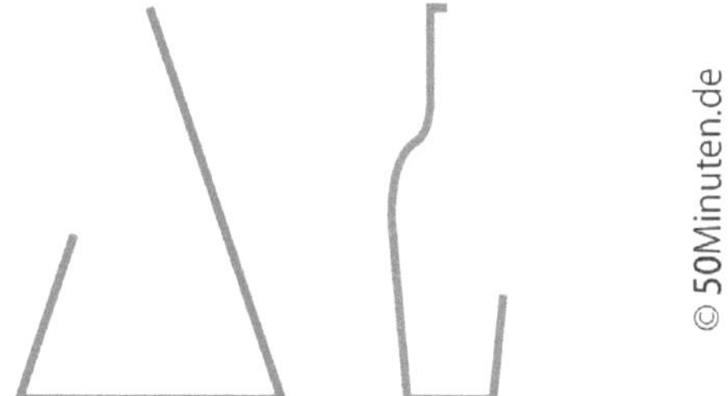

- **Das Gesetz der Geschlossenheit**: Eine geschlossene Form ist einfacher zu erfassen als eine offene. Leere Flächen werden meist vom Gehirn unwillkürlich ergänzend gefüllt, sodass eine vollständige Form entsteht. Eine Zeichnung kann also nie als wirklich beendet bezeichnet werden, da das Gehirn ihr beim Betrachten eventuell noch etwas hinzufügt. In der vorliegenden Abbildung könnten beispielsweise ein Dreieck und eine Flasche gesehen werden.

Das Gesetz der Nähe

- **Das Gesetz der Nähe**: Dieses Gesetz beschreibt die Tendenz, dicht beieinanderstehende Elemente zusammenzufassen. In der Abbildung hier sehen die meisten Menschen daher zwei verschiedene Fleckengruppen und nicht sechs einzelne.

Das Gesetz der guten Gestalt

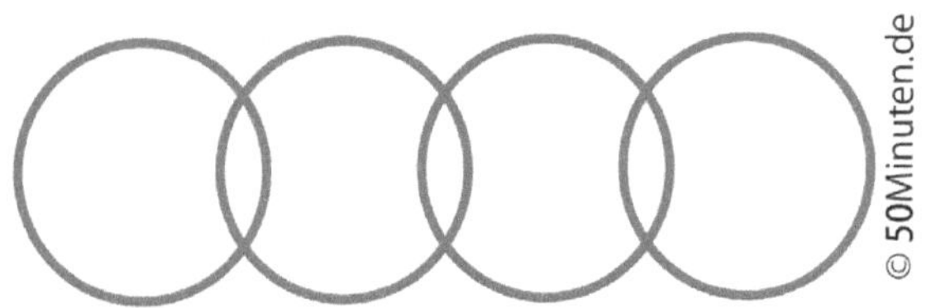

- **Das Gesetz der guten Gestalt**: Es handelt sich hierbei um die Tendenz, voneinander unabhängige Elemente zusammenzufassen, um eine einfache und vollständige Struktur zu sehen. Es wird also ein Teil des Gegebenen herausgefiltert, wodurch die Wahrnehmung des Ganzen geändert wird. In der Abbildung sehen so viele das Logo des Automobilherstellers *Audi* und keine beliebige geometrische Form.

Das Gesetz der guten Fortsetzung

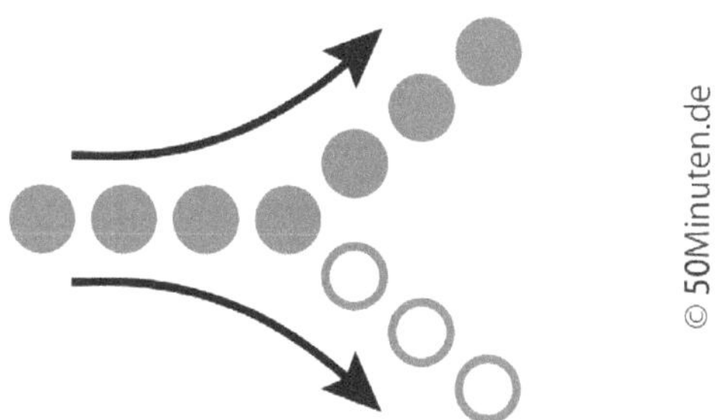

- **Das Gesetz der guten Fortsetzung**: Dieses Gesetz beschreibt die Tendenz, ähnlich angeordnete Elemente als die Fortsetzung des jeweils anderen Elements zu sehen, wodurch eine einzige Struktur entsteht. In der vorliegenden Abbildung werden die letzten drei nach oben bzw. unten verlaufende Punkte/ Kreise als Fortsetzung der ersten vier Punkte wahrgenommen.

Das Gesetz des gemeinsamen Schicksals

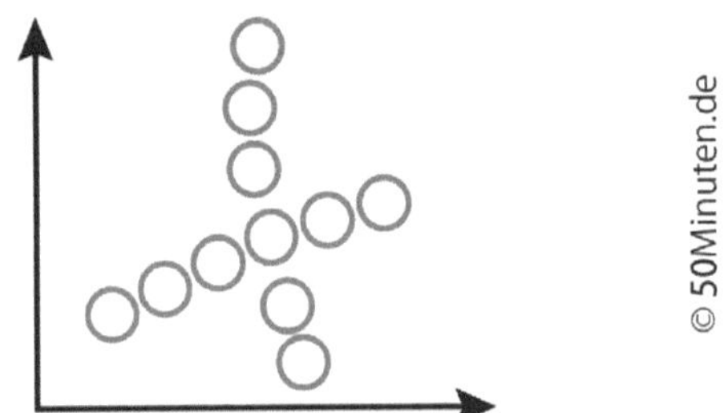

- **Das Gesetz des gemeinsamen Schicksals**: Hierbei handelt es sich um die Tendenz, sich scheinbar in die gleiche Richtung „bewegende" Teile als eine einzige Struktur wahrzunehmen. In der Abbildung können so eine nahezu horizontale und eine nahezu vertikale Linie gesehen werden.

Dies zeigt, dass es für ein umfassendes Verständnis von Verhaltensweisen bzw. Situationen unerlässlich ist, diese zu analysieren, aus einem gewissen Abstand zu betrachten, zusammenzufassen und in Kontext zu setzen. Dabei sollte die Gestalttheorie jedoch nicht einzig auf eine psychologische Behandlungsform reduziert werden, da ihre Prinzipien auch allgemein von den meisten Menschen (unbewusst) angewandt werden.

IM MARKETING

Auch das im Alltag immer präsentere Marketing nutzt die Grundsätze der Gestalttheorie. Um einen Verbraucher von einem Produkt bzw. einer Dienstleistung zu überzeugen und zum Kauf zu motivieren, muss er zunächst die Werbebotschaft wahrnehmen, verstehen und behalten. Die erwähnten Gestaltgesetze (siehe In der Psychologie) helfen zu verstehen, wie die visuelle Wahrnehmung der Konsumenten funktioniert und warum manche Zusammenstellungen von Elementen ein besseres Bild ergeben als andere. Durch die Anwendung der Gesetze können Marketers die Denkweise und damit das Kaufverhalten der Konsumenten beeinflussen. Dazu spielen die Werbefachleute und Marketers mit deren Sinnen:

- Sehen: Verwendung bestimmter Farben, Formen etc.
- Hören: Verwendung bestimmter Klänge, Musik etc.
- Riechen: Verwendung bestimmter Gerüche, Parfüms etc.

- Schmecken: Verwendung bestimmter Aromen, Geschmacksrichtungen etc.
- Fühlen: Verwendung bestimmter Texturen etc.

Postulat: Werbung wird als Ganzes und nicht als Summe ihrer Teile wahrgenommen.

Hauptziel der Gestalttheorie im Marketing ist es, effiziente Wege zu finden, um vom Kauf zu überzeugen, eine bestimmte Botschaft so gezielt wie möglich zu übermitteln und einen möglichst rentablen Vertrieb zu gewährleisten.

Im Folgenden werden konkrete Anwendungsbeispiele der Gestalttheorie betrachtet. Diese kann diverse Bereiche betreffen, wie etwa die Gestaltung von Internetseiten, das Design von Werbeplakaten, die Einführung von Logos etc. Für all diese Beispiele muss die Botschaft als Ganzes und nicht bloß als Summe ihrer Teile verstanden werden. Natürlich sind auch die Details von Logos, Internetseiten etc. wichtig, sie sind jedoch nur von Bedeutung, wenn sie zum Ganzen beitragen.

- Das Gesetz der Nähe: Im Marketing und Online-Marketing wird mit Entfernung gespielt, um einen Kontext herzustellen und so die Art, wie eine Botschaft verstanden wird, zu beeinflussen. Eine leicht verständliche Botschaft kann entsprechend mehr Konsumenten anziehen. Die nachfolgende Abbildung zeigt das Logo eines Birnenbauers. Der Designer spielt hier mit dem geringen Abstand zwischen den einzelnen Früchten, um daraus die Form einer Birne zu schaffen.

Logo eines landwirtsschaftlichen Betriebs

- Das Gesetz der Geschlossenheit: Sind Botschaft bzw. Logo klar abgegrenzt, so sind sie eindeutiger definiert und werden so besser verstanden. Daher werden in Zeitungen (im Papierformat) Werbeanzeigen meist deutlich voneinander abgegrenzt, damit die Leser sie eindeutig erkennen und jeweils von den Anzeigen der Konkurrenz unterscheiden können. Es kann allerdings durchaus vorkommen, dass ein Logo nicht vollständig „abgeschlossen" ist, wie der berühmte Pandabär des *WWF* besonders gut veranschaulicht. Dies ist jedoch kein Problem für das menschliche Gehirn, da es die „unvollständigen" Elemente selbstständig zusammensetzt und so ein deutliches Bild des Dargestellten entstehen lässt.

Logo des WWF

- Das Gesetz des gemeinsamen Schicksals und der guten Fortsetzung: Verschiedene Elemente, die sich in dieselbe Richtung „bewegen", verleihen einen Anschein von Dynamik. Eine solche Zusammenstellung von Formen zieht die die Aufmerksamkeit der Konsumenten auf sich und erhöht die Wahrscheinlichkeit, dass diese von dem beworbenen Objekt angezogen werden. Im nachfolgenden Beispiel sind die Punkte nebeneinander angeordnet und scheinen dieselbe Richtung zu haben, was den Eindruck von Bewegung vermittelt. Dies entspricht dem Inhalt der Anzeige, in der es um einen Radsportwettbewerb geht.

Logo von Melbourne 2010 Cycling

Üblicherweise werden mehrere Gestaltgesetze parallel angewendet, um die Anziehungskraft der Werbung zu steigern.

Werbemacher sind sich der Bedeutung von Wahrnehmung und ihrer Auswirkung auf die Aufmerksamkeit der Kunden bewusst. Die Marketingspezialisten spielen daher mit den verschiedenen Sinnen, um unterschiedliche Bereiche des Gehirns anzusprechen und so das

Verhalten der Verbraucher zu beeinflussen. Marketing als solches ist allerdings (noch) keine Wissenschaft für sich, sondern stützt sich auf verschiedene Bereiche, darunter Psychologie und die Gestalttheorie.

IN DER UNTERNEHMENSFÜHRUNG

In einer Welt, die sich unentwegt verändert und wo die einzige Konstante ebenjene Veränderung ist, müssen Führungspersonen lernen, sich mittels Kreativität und Inspiration anzupassen. Ein Unternehmen kann als eine Einheit verschiedener Tätigkeiten und Elemente definiert werden, die miteinander verbunden werden müssen, um das Unternehmen rentabel und leistungsstark zu machen. In einer Situation, in der Führungspersonen durch Kostensenkung immer höher gesteckte Ziele erreichen müssen, greift die Gestalttheorie in der Unternehmensführung.

Postulat: Jeder einzelne Mitarbeiter sollte als Ganzes betrachtet werden und nicht einzig als ein dem Unternehmen dienendes Arbeitswerkzeug.

Zwischen dem Mitarbeiter, seiner Karriere und dem Unternehmen wird dabei nicht unterschieden, da diese Elemente miteinander verbunden sind und sich gegenseitig beeinflussen. So wirkt sich die Persönlichkeit eines Mitarbeiters zwangsläufig auf dessen Arbeit aus und macht diese dadurch einzigartig. Es ist daher wichtig, Synergien zwischen dem Personal und dessen Tätigkeiten zu schaffen, ohne dabei zwischen motorischen, sensorischen und kognitiven Aspekten zu unterscheiden.

Die wichtigsten Grundsätze der Gestalttheorie in der Unternehmensführung sind:

- Alle Mitarbeiter werden anhand ihrer Beziehungen untereinander und mit anderen als Ganzes betrachtet. Sie sollten daher in ihrem Gesamtkontext (ihrer Familie, Persönlichkeit, Arbeit etc.) gesehen werden, um zu verstehen, wie sich die einzelnen Elemente gegenseitig beeinflussen.
- Die Mitarbeiter sollten sich bewusst sein, dass sie das Unternehmen selbst gewählt haben, wofür sie dort zuständig sind und wie sie ihre Arbeit ausführen. Mitarbeiter, die ihr Unternehmen schätzen, handeln entsprechend und organisieren ihr Leben so, dass daraus neue Möglichkeiten (bei der Arbeit)

entstehen. Der Führungsstil sollte daher jedem Mitarbeiter ermöglichen, sich dieser Aspekte vollständig bewusst zu werden.

- Jeder kann noch mehr leisten, besser arbeiten oder kreative Lösungen finden, die (inneren) Hindernisse zu überwinden. Dazu reicht es, sich seines Potenzials bewusst zu sein, wobei die Führungsperson diese Vergegenwärtigung unterstützen sollte.
- Drei Arten des Bewusstseins müssen mitbeachtet werden: Bewusstsein der anderen, Bewusstsein seiner selbst und das Bewusstsein um die Beziehungen zwischen sich selbst und anderen.
- Die Kraft, die die Menschen antreibt und ihr Verhalten steuert, ist die Selbstverwirklichung. Jeder möchte Dinge erreichen, die ihn erfüllen. Es ist daher wichtig, dass die Führungsperson die Werte der Mitarbeiter mit denen des Unternehmens in Einklang bringt.
- Führungspersonen sollten nicht analysieren oder erklären, sondern beschreiben und die Dinge für sich selbst sprechen lassen.
- Der Führungsstil muss jedem ermöglichen, für seine Handlungen, Aussagen, Arbeit etc. selbst Verantwortung zu übernehmen.

- Die Führungsperson überträgt den Mitarbeitern zwar eine gewisse Macht und führt sie, Entscheidungen werden jedoch im Team getroffen.
- Konflikte, Spannungen und Widerstand können genutzt werden, um eine Gruppe voranzubringen. Meinungsverschiedenheiten sollten daher von der Führungsperson offen angesprochen werden.

Bei der Anwendung der Gestalttheorie beziehen Führungspersonen die zwischenmenschlichen und persönlichen Aspekte einer Gruppe mit ein. Ziel dabei ist es, wechselseitige Beziehungen zu schaffen, sodass die Mitarbeiter sowohl von ihrer eigenen Dynamik als auch von einer Gruppendynamik profitieren können. Um dies zu erreichen, muss die Unternehmensführung bzw. die Führungsperson die Mitarbeiter dabei unterstützen, sich ihrer Situation bewusst zu werden, sowie ihnen Verantwortung übertragen. So profitiert jeder Einzelne von einem tieferen Verständnis der verschiedenen Situationen und erkennt, welche Verbindungen zwischen ihm selbst, den anderen und der Allgemeinheit bestehen.

Die Führungsperson sollte dazu die folgenden Eigenschaften mitbringen:

- Bewusstsein für die Vielfalt der Persönlichkeiten im Unternehmen; dabei sollten die Dynamik und die Menschen selbst im Mittelpunkt stehen
- differenzierter Überblick über das Unternehmen, um Anzeichen für Stress, potenziell negative Auswirkungen von Gruppendynamik etc. zu erkennen
- Fähigkeit, Einzelpersonen zu motivieren, zu beeinflussen und zu fördern
- Offenheit und Teamfähigkeit
- Beratungsgeschick; Verständnis für die Komplexität von Beziehungen

Zu den Aufgaben einer Führungsperson gehören:

- das Potenzial und die Leistung einer Gruppe zu maximieren
- anderen dabei zu helfen, selbstständiger zu werden, sich selbst zu managen und sich zu entfalten
- das Potenzial der Mitarbeiter auszunutzen, indem man sie eigenständiger handeln lässt
- Verhalten, Einstellungen und Werte der Mitarbeiter zu formen

DIE GESTALTTHEORIE: SCHWÄCHEN UND ERGÄNZUNGEN

SCHWÄCHEN UND KRITIK

Im Marketing

Wenn sich ein Produkt verändert (wenn einem einfachen Produkt beispielsweise neue Elemente hinzugefügt werden), ändert sich die Wahrnehmung der Verbraucher ebenfalls. Es kann also gut sein, dass die Marketingkampagne entsprechend angepasst und die Anwendung der Gestalttheorie überdacht werden muss, um der neuen Zielgruppe zu entsprechen.

Widersprüche zwischen den Gestaltgesetzen sind möglich. Unmögliche Formen wie das Penrose-Dreieck veranschaulichen einen solchen Widerspruch. Das Gehirn ist angesichts von so viel Komplexität überfordert und die normalerweise vereinfachende Wahrnehmung wird gestört.

Das Penrose-Dreieck

Es ist essentiell, dass Verbraucher eine Marke nicht mit deren Konkurrenz verwechseln. Logos und andere Symbole sollten daher möglichst nicht zu stark vereinfacht werden, auch wenn Einfachheit den Kunden in der Regel ermöglicht, ein Produkt schnell zu erkennen.

Indem die Werbung mit den verschiedenen Sinnen der Verbraucher spielt, um so deren Aufmerksamkeit zu gewinnen, gehen Informationen verloren. Es muss daher ein Gleichgewicht zwischen den visuellen Aspekten und den Informationen einer Botschaft gefunden werden.

Außerdem sollte man darauf achten, die Sinne nicht zu überlasten, etwa wenn ein potenzieller Kunde zu vielen Reizen ausgesetzt wird, sodass dieser nicht mehr in der Lage ist, alle zu verarbeiten.

Zudem haben die verwendeten Elemente (Farben, Kontraste etc.) keinen einhundertprozentig zuverlässigen Einfluss auf die Wahl der Verbraucher. Reize werden nämlich auch je nach persönlichen Erfahrungen, Bedürfnissen und Erwartungen der Kunden bewertet.

Es ist wichtig, dass sich potenzielle Käufer nicht manipuliert fühlen und die verwendeten Reize positiv bewerten, da die Werbung ansonsten ihr Ziel verfehlt.

GUT ZU WISSEN: ZIELGRUPPE

Im Marketing entspricht die Zielgruppe den Verbrauchern, die das Unternehmen vorrangig ansprechen möchte. Es reicht dabei in der Regel aus, sich auf einen Teil der Bevölkerung zu konzentrieren und dessen Bedürfnisse zu erfüllen.

In der Unternehmensführung

Wird ein Mitarbeiter in seiner Gesamtheit betrachtet und werden dabei alle seine

Beziehungen miteinbezogen, wird deutlich, dass die Leistung des Mitarbeiters auch aufgrund von Elementen, die nicht direkt mit dem Berufsleben zusammenhängen, abnehmen könnte.

Mit der Gestalttheorie können die Persönlichkeit oder die beruflichen Fähigkeiten eines Mitarbeiters jedoch nicht verändert werden.

Gefällt dem Mitarbeiter das Unternehmen nicht oder mag er seine Arbeit nicht, wird er vermutlich auch keine große Leistung erbringen. Die Gestalttheorie hält für solche Fälle keine Lösungsansätze bereit.

Obwohl Konflikte Gruppen durchaus voranbringen können, bergen sie dennoch die Gefahr, zu weiteren Spannungen zu führen und damit die Produktivität einer Gruppe nachhaltig zu senken.

ERGÄNZUNGEN UND VERWANDTE MODELLE

Im Marketing

Ein mit der Gestalttheorie verwandtes Modell ist das sensorische Marketing. Hier geht man davon aus, dass zwischen der Atmosphäre, die an einer Verkaufsstelle herrscht, und den dort getroffenen Verkaufsentscheidungen ein Zusammenhang besteht. Wie bei der Gestalttheorie werden die fünf Sinne genutzt, um Verbraucher anzusprechen und an sich zu binden. Die Vertreter des sensorischen Marketings sehen die Verkaufsstelle als Einheit an (mit dem Spielen von Musik, der Verbreitung eines Dufts etc.), deren Ziel es ist, die Wahrnehmung der Verbraucher zu beeinflussen.

In der Unternehmensführung

Neben dem bereits beschriebenen Ansatz der ganzheitlichen Unternehmensführung bestehen in Unternehmen und Organisationen auch noch weitere, alternative Führungsstile. Dazu gehören:

- **der direktive Führungsstil**: Die Führungsperson gibt die Dinge vor, ohne dabei die globale Vision zu erläutern oder die Meinungen und Motivation der einzelnen Mitarbeiter miteinzubeziehen. Das Ergebnis dieses Modells ist in der Regel negativ, da die Motivation innerhalb des Teams sinkt, weil sich dieses bei den zu erreichenden Zielen weder wahrgenommen noch beteiligt fühlt.

- **der demokratische Führungsstil**: Die Führungsperson bezieht die Meinungen aller mit ein und gesteht dem Team einen höheren Stellenwert zu als der Summe der einzelnen Mitarbeiter. Teamarbeit und individuelle Entwicklung stehen bei diesem Führungsstil im Mittelpunkt.
- **Coaching als Führungsstil**: Der Fokus der Führungsperson liegt auf den Mitarbeitern. Sie versucht, deren Stärken weiterzuentwickeln und gleichzeitig ihre Schwächen zu reduzieren. So fühlen sich alle Mitarbeiter beachtet und unterstützt, wodurch auch ihre Arbeit effizienter wird.

DIE GESTALTTHEORIE IN DER PRAXIS

TIPPS UND BEST PRACTICES

Im Marketing

Zur Anwendung der Gestalttheorie bei einer beliebigen Marketingkampagne müssen zunächst die drei Schritte des Marketings, Segmentierung, Targeting und Positionierung, durchlaufen werden. Ohne diese Schritte bestünde die Gefahr, letztendlich niemanden mit der Werbung zu erreichen und sich nicht von anderen Anbietern abzuheben.

Segmentierung ermöglicht es einem Unternehmen, den Markt, auf dem es agiert, in homogene Gruppen potenzieller Kunden zu unterteilen (Intrasegment-Homogenität). Die verschiedenen Marktsegmente weisen unterschiedliche Merkmale (Intersegment-Heterogenität) auf. Im Anschluss an diese Segmentierung wählt das Unternehmen ein oder mehrere Segmente aus, auf die es sein Kerngeschäft konzentrieren möchte. Es können dabei nicht alle Segmente ausgewählt werden, da diese zu zahlreich und zu zersplittert sind, sowie zu große Unterschiede in Kundenerwartungen und Kaufverhalten miteinander vereinbaren müssten, um realistisch erreicht werden zu können. Mit der Segmentierung sollen daher wichtige Kriterien festgestellt werden, die es dem Unternehmen später erleichtern, Kunden gezielter anzusprechen.

Auf diesen Schritt folg das Targeting bzw. das gezielte Ansprechen. Dazu werden die Aspekte ausgewählt, die bei der Segmentierung als am wesentlichsten eingestuft wurden. Nachdem so nun ein bestimmter Teil der Bevölkerung als Zielgruppe definiert wurde, kann eine entsprechende Kommunikationsstrategie entworfen werden. Für die Anwendung der Gesetze der Gestalttheorie (beispielsweise das Gesetz der Nähe oder das Gesetz der Ähnlichkeit) sollte dabei die Zielgruppe ausschlaggebend sein, an die sich die Botschaft richtet. Das Verständnis – und die entsprechende Wahrnehmung – dieser hängt von zahlreichen Faktoren ab, etwa dem Alter, Geschlecht etc. So enthält beispielsweise eine

Werbung für Kinder nicht die gleichen Elemente wie eine an Erwachsene gerichtete Werbung. Ein Plakat für Kinder etwa ist meist farbenfroher als ein Plakat, das auf ein älteres Publikum ausgerichtet ist.

Schließlich ist es für eine Marke unmöglich, sich mit einem Produkt auf dem Markt durchzusetzen, das den Konkurrenzprodukten zu sehr ähnelt. Positionierung ist daher unerlässlich, damit sich das Produkt von der Konkurrenz abhebt und es mit den gewünschten Stärken in Verbindung gebracht wird. Die Positionierung geschieht natürlich über die Produktmerkmale (z. B. über das Design oder die Benutzerfreundlichkeit eines Produkts), genauso wie über Werbung. Hier kommen die besprochenen Gestaltgesetze (siehe In der Psychologie) ins Spiel. Wurde die Positionierung der Marke beschlossen, können sich die Werbemacher und Marketers um die zu vermittelnde Botschaft kümmern. Diese kann mit verschiedenen Effekten (wie beispielsweise mit dem Gesetz des gemeinsamen Schicksals) spielen, aber auch sehr schlicht ausfallen. So verwendet eine Werbung, die auf Gefühle setzt, zum Beispiel sehr grundlegende Elemente, sodass die Verbraucher nicht nachdenken müssen, um die Werbung zu verstehen, sondern direkt von dem Produkt angesprochen werden.

Die Verwendung der Gestaltgesetze im Marketing hängt von diversen Faktoren ab. Dazu gehören die Zielgruppe, die gewählte Positionierung sowie die Produktart.

Zur optimalen Anwendung der Gestalttheorie im Marketing sollte man versuchen, das Produkt bzw. die Werbebotschaft aus der Sicht der Verbraucher zu betrachten, um zu verstehen, wie diese die gegebenen Informationen verarbeiten. Der Prozess der Informationsverarbeitung kann in fünf Phasen unterteilt werden:

1. **Exposition/Wahrnehmung**: Besteht physische Nähe zu einem Element, sodass einer oder mehrere Sinne angesprochen werden können, wird von Exposition gesprochen. Die Wahrnehmung hängt wiederum von dem verwendeten Reiz ab (leuchtende oder neutrale Farben, Tempo der Musik etc.). Sie sollte den Ausgangspunkt der Strategie darstellen.
2. **Aufmerksamkeit**: Farben, Kontraste etc.

beeinflussen, wie viel Aufmerksamkeit ein Verbraucher einer Werbung schenkt.

3. **Verständnis**: Dieses wird unter anderem durch Reize, beispielsweise Größe oder Farbe des Objekts, beeinflusst.

4. **Akzeptanz**: Die Botschaft kann entweder zurückgewiesen oder angenommen werden, je nachdem, als wie nützlich bzw. erheblich sie eingestuft wurde, wie stark sie mit den Werten des Verbrauchers übereinstimmt etc. Diese Akzeptanz hängt davon ab, wie überzeugend die Reize wirken und inwiefern sie die kognitiven bzw. emotionale Wahrnehmung beeinflussen.

5. **Einprägung**: Hauptziel jeder Marketingkampagne ist, dass Verbraucher die Information zur späteren Verwendung in ihrem Gedächtnis speichern. Um die Kunden dabei zu unterstützen, sich an das angebotene Produkt zu erinnern, werden zahlreiche Techniken angewandt, beispielsweise leicht wiedererkennbare Reize.

Mit dem Verständnis dieser verschiedenen Schritte können bestimmte Botschaften, Farben etc. je nach verfolgtem Zweck eingesetzt werden. Es ist daher nützlich zu wissen, was sich im Kopf der Kunden abspielt, um so deren Entscheidungen effizienter beeinflussen zu können.

In der Unternehmensführung

Die Führungsperson sollte einen differenzierten Überblick über die Vorgänge in ihrem Unternehmen entwickeln. Außerdem sollte sie Stressfaktoren ausmachen, potenziell negative Auswirkungen von Gruppendynamik erkennen, die sich auf die Beziehungen der Mitarbeiter auswirken könnten, eine genaue Vorstellung von allen Tätigkeiten haben, um so die Rentabilität der Gruppe zu verbessern, Unsicherheit tolerieren etc. Dem englischen Psychotherapeuten Paul Barber (geboren 1947) zufolge kann die Gestalttheorie dabei helfen, soziale, sensorische, emotionale, kreative und persönliche Intelligenz zu entwickeln. Für Führungspersonen ist es daher ratsam:

- die sensorische Intelligenz weiterzuentwickeln (Beobachtungsgabe und Zuhören verbessern), indem:
  - sie sich der physischen Umgebung und den Mitarbeitern gegenüber einfühlsam verhalten

- sie sich auf gruppendynamische Aspekte und das Verhalten der Mitarbeiter konzentrieren
  - sie auf die Bedürfnisse der Mitarbeiter eingehen
- die soziale Intelligenz weiterzuentwickeln (Kommunikation verbessern), indem:
  - sie angemessene Mitarbeiter-Vorgesetzten-Beziehungen fördern
  - sie mit der Unternehmenskultur, deren Rollen und entsprechenden Gruppendynamiken auseinandersetzen
  - sie angepasste Strategien beschließen, besprechen und einführen
- die emotionale Intelligenz weiterzuentwickeln (Coaching und Ratschläge verbessern), indem:
  - sie aus früheren Modellen und persönlichen Differenzen, die in Unternehmen vorherrschen, Bilanz ziehen
  - sie ihre eigenen emotionalen Bedürfnisse und die der anderen, des Teams und des Unternehmens kennen
  - sie persönliche Probleme sowie Probleme zwischen Mitarbeitern, im Team und im Unternehmen lösen
  - sie emotionale Blockaden lösen und vergangene Probleme klären

- die kreative Intelligenz weiterzuentwickeln (Überlegungen und Sicht auf die Dinge verbessern), indem:
  - sie sich ihr eigenes Potenzial bewusst machen und auch die anderen unterstützen, ihr jeweiliges Potenzial auszunutzen
  - sie authentisch und offen für Neues sind
  - sie sich selbst und andere wertschätzen und für ein gemeinsames Ziel arbeiten
  - sie die sozialen Ziele des Unternehmens, der Mitarbeiter und der Teams feststellen
- die persönliche Intelligenz weiterzuentwickeln (Aufmerksamkeit und Bewusstsein ihrer selbst verbessern), indem:
  - sie sich ihrer individuellen Einstellungen und Überzeugungen bewusst sind
  - sie mit einzelnen Mitarbeitern, Teams und dem restlichen Unternehmen zusammenarbeiten
  - sie die eigentliche Motivation der Mitarbeiter in den Vordergrund stellen

Die Führungsperson sollte ebenfalls das Bewusstsein ihres Teams steigern und so für Verbesserung und Veränderung sorgen. Dazu sollten sich die Mitarbeiter zumindest ein wenig kennen, um gemeinsam ein passendes Arbeitsmodell zu entwickeln. Führungspersonen können dabei zur Unterstützung fünf einfache Fragen stellen:

- Was machen Sie hier und jetzt?
- Wie fühlen Sie sich in diesem Moment?
- Was benötigen Sie jetzt? Brauchen Sie mehr Aufmerksamkeit, Respekt etc.?
- Was erwarten Sie von der Zukunft? Worauf stellen Sie sich ein?
- Welchem Problem gehen Sie gerade aus dem Weg?

Durch die Beantwortung dieser Fragen lernen sich die Mitarbeiter selbst und untereinander besser kennen und verstehen, welche Verbindungen zwischen ihnen bestehen. Dies führt unweigerlich zu:

- mehr Energie und Kreativität
- weniger Scheu gegenüber abweichenden Überzeugungen und Meinungen
- einer optimalen Ausnutzung von Unterschieden, Spannungen und Widerständen
- mehr Eigenständigkeit und Fähigkeiten bei jedem Mitarbeiter

- einer aussagekräftigeren Analyse des Verhaltens der einzelnen Mitarbeiter und des Umgangs miteinander
- mehr Verantwortungsübernahme der einzelnen Mitarbeiter und des Teams

Im Marketing

Ein markführendes, auf Dessous und Prêt-à-Porter-Mode spezialisiertes Unternehmen setzt bei seiner Werbung auf ein sexy-glamouröses Image. Ob für Beautyprodukte oder Dessous – mit seinen avantgardistischen Kollektionen und hochkarätigen Models genießt das Unternehmen einige Aufmerksamkeit. Die Entscheidung, den Fokus bei der Werbung auf intim-charmante Weiblichkeit zu setzen, beeinflusst die Wahrnehmung der potenziellen Kundschaft. Sie führt in der Regel zu zwei unterschiedlichen Reaktionen: Verlangen oder Ablehnung. So wird die Objektifizierung der Frau für Verkaufszwecke längst nicht allseits geschätzt. Es kommt dabei jedoch auf die Wahrnehmung an. Würde die Werbung dieser Marke allerdings als entwürdigend und vulgär empfunden, wäre die

Wahrscheinlichkeit gering, dass die Produkte gekauft werden. Das Unternehmen arbeitet daher an der allgemeinen Wirkung seiner Werbung.

Dazu setzt es vor allem auf den Kontrast von Figur und Grund. Die Figur entspricht hier dem Element, dem die Hauptaufmerksamkeit gilt, mit anderen Worten der Frau. Dahinter stellt der Grund das dar, was sich buchstäblich hinter der Frau befindet; meist ein schlichter Dekor wie eine Mauer oder ein Diwan. Der Kontext der Werbung ist daher einfach und zielt mehr auf Gefühle ab, als Informationen zum Produkt zu liefern. Diese Einfachheit ermöglicht es dem Gehirn, das Wesentliche wahrzunehmen, sprich die Frau von ihrer sinnlichen Seite. Dem Verbraucher fällt es so sehr leicht, sich selbst an die Stelle des Models zu projizieren, wodurch das Verlangen nach dem Produkt gestärkt wird. Mit diesem Vorgehen schafft die Marke außerdem einen Bezug (Nähe und Ähnlichkeit) zwischen den einzelnen Werbekampagnen. So ähneln sich alle Fotos und Videoclips bezüglich der verwendeten Elemente: die Frau, die Dessous und ein schlichter Dekor. Wenn ein Verbraucher eine der Werbungen sieht, stellt er sofort die Verbindung zu früheren Kampagnen her – dank des Ähnlichkeitsprinzips. So hat er ein allgemeines Bild der Marketingkampagnen des Unternehmens vor Augen und verbindet dies fest mit der Marke. Die Vorbehalte gegen die Objektifizierung der Frau nehmen dadurch ab, was dem Unternehmen ermöglicht, neue Kunden zu gewinnen.

Das einzelne Element dieses Beispiels bezog sich also auf eine Werbung, während das Ganze allen Marketingkampagnen des Unternehmens zusammen entspricht. Die Marke wendet die Gestalttheorie optimal an und hält sich an das Grundprinzip, sprich: Das Ganze ist mehr als die Summe seiner Teile.

In der Unternehmensführung

Um die Entwicklung seines Unternehmens voranzutreiben, wendet sich der Geschäftsführer eines Unternehmens an einen auf Gestalttherapie spezialisierten Psychotherapeuten. Obwohl ein Großteil der Mitarbeiter vom Unternehmensführer eigenhändig eingestellt wurde und dieser über quasi absolute Macht hinsichtlich der Unternehmenspolitik verfügt, zeigt sich im

Unternehmen ein gewisser Widerstand gegen Veränderung.

Der Berater geht von dem Prinzip aus, dass die Ursache für ein solches Problem in jedem Unternehmen anhand der Analyse folgender Schritte festgestellt werden kann: Empfindung, Bewusstsein, Energiemobilisierung, Anregung, Aktion, Kontakt, Rückzug. Die Analyse ergibt, dass das Unternehmen zwischen Bewusstsein und Energiemobilisierung blockiert zu sein scheint. Das heißt, dass zwar viele Überlegungen angestellt, jedoch kaum umgesetzt werden. Außerdem ist es bei der bestehenden Unternehmensstruktur normal, dass Unzufriedenheit und Meinungsverschiedenheiten unterdrückt werden.

Daher werden Gesprächsgruppen gebildet, die alle Mitarbeiter miteinbeziehen, von der Geschäftsführung bis zu den Arbeitern. Die Gespräche folgen drei Schritten:

1. Klärung: Zunächst sollte über die allgemeinen Unternehmensziele gesprochen werden, aber auch über die Rolle jedes einzelnen und jedes Teams bei der Erfüllung dieser Ziele.

2. Beobachtung: In diesem Schritt wird analysiert, ob die Ziele erfüllt wurden oder nicht. Dabei geht auch darum, das Verhalten und die Empfindungen aller Beteiligten zu berücksichtigen.
3. Nachbesprechung: Schließlich sollten Lösungen für die bestehenden Probleme gefunden werden. Wenn die Werte eines Mitarbeiters beispielsweise nicht mit den Werten des Unternehmens übereinstimmen, sollten die Gründe dafür ausgemacht werden.

Dank der Gespräche wird nun mehr Aufmerksamkeit auf den Fortbildungsbedarf jedes Einzelnen und der Teams gerichtet, was sich positiv auf die Gruppendynamik auswirkt. Jedes Teammitglied fühlt sich wahrgenommen und frei, Lösungen für die verschiedenen Probleme vorzuschlagen. Die Gesprächsgruppen ermöglichen, das Bewusstsein der Mitarbeiter für ihre Situation zu verbessern und die Bindung zwischen ihnen zu stärken. Dadurch sind sie motivierter, zeigen sich anderen gegenüber einfühlsamer und handeln verantwortungsbewusster.

Die Bildung von Gesprächsgruppen wirkt sich positiv aus, da dabei hauptsächlich auf die bewusstere Wahrnehmung jedes Einzelnen sowie auf ein stärkeres Gemeinschaftsgefühl hingearbeitet wurde. So erzielte Ergebnisse sind meist nachhaltiger, als wenn versucht wird, einen Prozess oder eine Person sofort zu ändern.

ZUSAMMENGEFASST

- Die Gestalttheorie befasst sich mit der Fähigkeit des Gehirns, Objekte und Geschehnisse in ihrer Gesamtheit wahrzunehmen. Damit ist das Ganze mehr als die Summe seiner Teile.
- Zahlreiche Wissenschaftler waren an der Gestalttheorie beteiligt, drei Namen treten dabei jedoch besonders hervor: Max Wertheimer, Kurt Koffka und Wolfgang Köhler.
- Die Theorie entstand in der Psychologie, wird aber heutzutage in zahlreichen weiteren Bereichen angewendet, z. B. im Marketing und in der Unternehmensführung.
- Im Marketing dienen die Gestaltgesetze dem Entwickeln einer möglichst wirksamen Botschaft, mit der die Verkaufszahlen gesteigert und ein rentabler Vertrieb geschaffen werden kann. Bei der Anwendung der Gestalttheorie in der Werbung sollten die folgenden Konzepte beachtet werden:
  - Segmentierung, Targeting und Positionierung haben den Zweck, die (schriftliche bzw. visuelle) Botschaft an eine Zielgruppe und

gewählte Positionierung des Produkts anzupassen.

- Der Prozess der Informationsverarbeitung wird ausgenutzt, um mit Elementen (Reizen) Wahrnehmung, Aufmerksamkeit, Verständnis, Akzeptanz und Einprägung der Informationen durch die Kunden zu optimieren.

- In der Werbung verwendete Elemente (Reize):
  - sollten nicht zu zahlreich sein, da es sonst zu einer sensorischen Überlastung kommen kann
  - sollten angepasst werden, wenn sich Produktmerkmale ändern
  - können sich widersprechen
  - beeinflussen nicht zu 100 % vorhersehbar das Kaufverhalten der Verbraucher
  - sollten in den Augen der Kunden positiv wirken, da diese ansonsten unter Umständen vom Kauf des Produkts abgeschreckt werden
- In der Unternehmensführung wird die Gestalttheorie angewandt, um
  - das Potenzial einer Gruppe besser auszuschöpfen
  - Mitarbeitern zu ermöglichen, sich selbst zu managen und zu entfalten

- die Mitarbeiter eigenständiger zu machen
  - Verhalten, Einstellungen und Werte zu formen
- Eine Führungsperson sollte
  - ihre Fähigkeiten weiterentwickeln, zu beobachten, zuzuhören, zu kommunizieren, zu beraten und zu reflektieren, ebenso wie ihre Sicht auf die Dinge, ihre Aufmerksamkeit und ihr Bewusstsein
  - einzelne Mitarbeiter darin unterstützen, sich selbst besser kennenzulernen und so ein größeres Bewusstsein über ihr Potenzial zu entwickeln
- Die Leistung eines Teams, aber auch von Einzelpersonen kann abnehmen, wenn
  - die Persönlichkeit oder die Fähigkeiten eines Mitarbeiters nicht mit den Anforderungen übereinstimmen
  - ein Problem im Privatleben eines Mitarbeiters auftritt
  - ein Mitarbeiter weder seine Arbeitsumgebung noch seine Tätigkeit mag
  - Konflikte zwischen den Teammitgliedern zu Spannungen führen
- Es bestehen weitere Führungsstile, wie beispielsweise der direktive und der demokrati-

sche Führungsstil oder auch der Ansatz des Coachings als Führung. Im Marketing stellt das sensorische Marketing ein der Gestalttheorie verwandtes Modell dar, das die Verkaufsstelle ganzheitlich betrachtet.

Ihre Meinung ist uns wichtig!
Hinterlassen Sie doch einen Kommentar auf der
Seite unserer Online-Buchhandlung
und teilen Sie Ihre Favoriten in den sozialen
Netzwerken!

DARÜBER HINAUS

LITERATURVERZEICHNIS

- Barber, Paul: *Facilitating Change in Groups and Teams. A Gestalt Approach to Mindfulness*. Libri Publishing: Farington 2012.

- Barber, Paul: „Group as Teacher. The Gestalt informed peer-learning community as a trans-personal vehicle for organizational healing". In: *International Gestalt Review* 10(1, 2006).

- Branam, Kenan: „Gestalt Perspective on Media". *branam.com*. Webseite des Medienberaters (auf Englisch). (1999). http://www.branam.com/gestalt/gestaltmedia.shtml (07.08.2018).

- *Gestalt International Study Center*: Webseite auf Englisch. http://www.gisc.org/ (07.08.2018).

- Ginger, Serge: *La Gestalt. L'art du contact*. 9. Aufl. Marabout: Paris 2007.

- Ginger, Serge: „Qu'est-ce que la Gestalt?" Artikel auf Französisch. http://www.licorne-formation.com/media/a898a76_gestalt1.pdf (07.08.2018).

- *Le dico du marketing*: „Définition théorie gestalt". Eintrag eines Marketinglexikons (auf Französisch). http://www.ledicodumarketing.fr/definitions/theorie-gestalt.html (07.08.2018).

- Liquori, Ester: „The Close Relationship Between Gestalt Principles and Design". *instantShift.com*. Artikel zu den Themen Web Design und Development (auf Englisch). http://www.instantshift.com/2011/09/19/the-close-relationship-between-gestalt-principles-and-design/ (07.08.2018).

- Moors, Carolien: „A Gestalt Approach to Organizational Consulting and Personal Development". *caromoors.blogspot.com*. Coaching-Blog (auf Englisch). (07.03.2011). http://caromoors.blogspot.be/2011/03/gestalt-approach-to-organizational.html (07.08.2018).

- Rosenthal, Victor; Visetti, Yves-Marie: „Sens et temps de la Gestalt". In: *Intellectica* 28(1, 1999). S. 147-227. http://cogprints.org/833/3/GestArt.pdf (07.08.2018).

- *The Gestalt Therapy network*: Webseite auf Englisch. http://www.gestalttherapy.net/ (07.08.2018).

WEITERFÜHRENDE LITERATUR

- Wertheimer, Max: *Zur Gestaltpsychologie menschlicher Werte. Aufsätze 1934-1940*. Hrsg. von Hans-Jürgen Walter. Springer Fachmedien: Wiesbaden 1991.

- Metz-Göckel, Hellmuth: *Gestalttheorie und kognitive Psychologie*. Springer Fachmedien: Wiesbaden 2016.

- Köhler, Wolfgang: *Werte und Tatsachen*. Springer: Berlin 1968.

- Koffka, Kurt: *Zu den Grundlagen der Gestaltpsychologie. Ein Auswahlband*. Hrsg. von Michael Stadler. Verlag Wolfgang Kammer: Wien 2008.

www.50Minuten.de

ISBN digitale Ausgabe: 9782808009904

ISBN gedruckte Ausgabe: 9782808011488

Pflichtexemplar: D/2018/12603/322

Cover: © Plurilingua

Digitale Aufbereitung: Primento, der digitale Partner der Herausgeber